पर्यावरण की कहानी कविताओं की ज़ुबानी

प्रभा माथुर

•

चित्रकार

सुरेन्द्र सुमन

यूनीकॉर्न बुक्स

विषय-सूची

प्रकाशक

यूनीकॉर्न बुक्स प्रा. लि., दिल्ली

J-3/16, दरियागंज, नई दिल्ली-110002

☎ 23276539, 23272783, 23272784 • फैक्स: 011-23260518

E-mail: unicornbooks@vsnl.com • *Website:* www.unicornbooks.in

ISBN 978-81-223-7806-165-8

संस्करण : 2015

मुद्रक : परम ऑफसेटर्स, ओखला, नई दिल्ली-110020

पर्यावरण

आओ बच्चों घर से निकलो,
प्रकृति का कर लो अवलोकन।
मनमें तुम्हारे प्रश्न उठें जो
उन पर करो मनन-चिंतन।

प्रकृति की पुस्तक खुली हुई है,
आओ इसको बांचें।
क्या होता है, क्यों होता है,
सोचें, समझें, जांचें।

जलधारा

मैं हूँ निर्मल जल की धारा
बोझ उठा ले जाऊँगी,
मुझमें तो है शक्ति भरी
मैं काम तुम्हारे आऊँगी।

तुम चाहो चक्की चलवालो
चाहो तो बिजली बनवालो,
बिजली बनकर, तार पे चढ़कर
दूर-दूर तक जाऊँगी।

हाथ तुम्हारे थक गए होंगे
लाओ पम्प चला दूँ मैं,
अंधियारे में क्यूँ बैठे हो,
लाओ दीप जला दूँ मैं।

मुझमें से एक धारा काटो
अपने गाँव मुझे पहुँचा दो,
प्यास बुझा लो, कर लो सिंचाई,
खेत-खेत में धान उगा लो।

बस इतनी करती हूँ विनती
निर्मल हूं, निर्मल ही रखना,
स्वस्थ सदा तुमको रखूंगी
सदा स्वच्छ तुम मुझको रखना।

सागर और ताल

सागर बोला ताल से
छोटे मियाँ तुम बहुत गुणी,
सबकी प्यास बुझाते हो तुम
मीठा पानी, बड़े धनी।

ताल ये बोला शीश झुका
बड़े मियाँ तुम बहुत उदार,
तुम से ही जल भर ले जाते
काले बादल बारम्बार।

हिमगिरि के ऊँचे मस्तक पर
हिम का मुकुट सजाते बादल।
बन बाग़ों, नदियाँ तालों पर
जल मोती बरसाते बादल।

जल है तुम्हारा, बांट रहे वो
और दानी कहलाते हैं।
सब जन उनकी पूजा करते,
सब जग में यश पाते हैं।

सागर बोला, छोटे मियाँ
इतना तो तुम करो विचार,
हम तुम पानी कहाँ से पाते
ये तो बादल का उपकार।

खारे जल को मीठा करके
जल थल पर बरसाते हैं,
इसीलिए पूजे जाते हैं,
सब जग में यश पाते हैं।

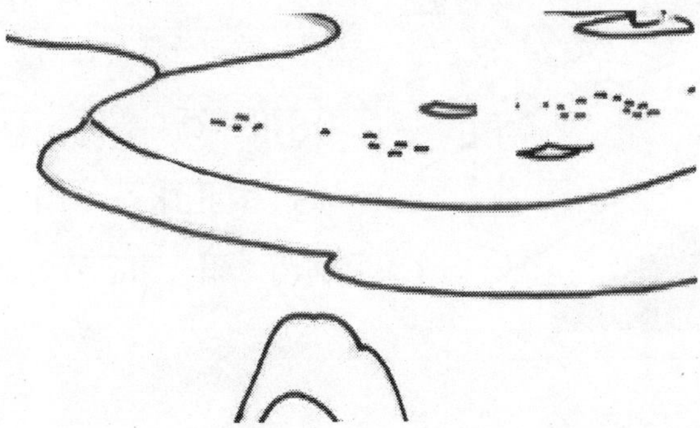

बन्दर

जंगल का वो मोटा बन्दर
आ जाए न घर के अन्दर।

पेड़ों की ऊँची डालों पर,
नाच-नाच जो मटका करता,
पेड़ों की डालों पे झूलता,
बड़े मज़े से लटका करता,

पेड़ों को जो हमने काटा,
बन्दर हो जाएगा बेघर,
आ जाएगा शहर के अन्दर।

पेड़ों के जो फल खाता है
चिड़ियों के अंडे चखता है।
झुंड बनाकर धूप में बैठा
जंगल में मंगल करता है।

जंगल को जो हमने काटा,
हो जाएगा बन्दर बेघर।
आ जाएगा शहर के अन्दर।

मेरी छत पर वो नाचेगा,
मरे आँगन में झाँकेगा,
मेरी रसोई में घुसकर वो,
सब्जी-पूरी सब चाखेगा।

मुझको तो लगता है ये डर।
जंगल का वो मोटा बंदर,
आ जाए न घर के अंदर।

मेंढक

वर्षा का रिमझिम मौसम ये
मेंढ़क के मन को भाता,
ताल किनारे नाच रहा है
टर्र-टर्र गाना गाता।

गर्मी थी पीला-पीला था,
मिट्टी के नीचे सोता था,
वर्षा आई, जाग गया ये
हरा-हरा अब दिखलाता।

बड़ी-बड़ी आँखों से देखो
देख रहा है इधर-उधर,
कीट पतंगे ढूँढ़ रहा है
भोजन की है इसे फ़िकर।

खाकर पीकर मोटी होकर,
अंडे देगी मेंढकी रानी।
अंडों से बच्चे निकलेंगे,
जल में करेंगे वो मनमानी।

मछली जैसे बच्चे इसके
टेडपोल हैं कहलाते।
कुछ दिन में, ये रूप बदलकर
पूरे मेंढक बन जाते।

शीत-निद्रा

चूहा मिट्टी खोद रहा है,
यहाँ बनाएगा वो घर।
घर क्या, एक छोटा-सा बिल बस
यहीं रहेगा जाड़े भर।

पौष मास की भीषण सर्दी,
मेंढक न सह पाएगा।
धमा चौकड़ी भूल के अपनी,
मिट्टी में छुप जाएगा।

सर्दी में जब बरफ़ जमेगी
मछली रानी कहाँ रहेगी?
तलहटी में गरम है पानी,
वहीं छुपेगी, वहीं रहेगी।

ध्रुव प्रदेश का मोटा भालू
खाना-पीना भूलेगा।
बरफ़ का बिस्तर, बरफ़ की चादर
ओढ़ के लम्बा सोएगा।

मैंने भी पहने दो स्वेटर,
उनके ऊपर मोटा कोट,
मैं भी सर्दी झेल रहा हूँ
बड़े मज़े से खेल रहा हूँ।

पहला जीव

अंडे में मुर्गी बनती है,
मुर्गी में बने अंडा,
तुम्हें पता है, मुझे पता है,
ये तो सारे जग को पता है।

पहला अंडा कहाँ से आया?
पहली मुर्गी कहाँ से आई?
नहीं पता, ये नहीं पता है
सारे जग को नहीं पता है।

पहला जीव कहाँ उपजा था?
सागर की गहराई में या
अंतरिक्ष से वो टपका था
किसे पता, ये किसे पता है?

वैज्ञानिक अब खोज रहे हैं,
दूर-दूर तक देख रहे हैं,
एक दिन उत्तर मिल जाएगा
तुम्हें पता है, मुझे पता है।

मेरा तन

कल मैंने जो खाना खाया
कहाँ गया वो कहाँ गया?
पचके, घुलके, रक्त में मिलके,
यहाँ गया, वो यहाँ गया।

दिन भर मैंने काम किया
ये शक्ति कहाँ से आई?
भोजन दिनभर जलता रहा,
हाँ शक्ति वहाँ से आई।

दिल मेरा दिन-रात धड़कता,
रक्त दौड़ता फिरता है,
साँस सदा मैं लेता रहता,
सोकर भी मन जगता है।

ये मेरा तन एक मशीन है,
चलना इसका काम है।
मैं तो रात में सो जाता हूँ
इसे कहाँ आराम है?

व्यायाम

लालूराम कालूराम,
दोनों भाई करें व्यायाम।
बढ़कर हो गए लम्बे तगड़े,
और बुद्धि में सबसे बढ़के,
कर आते हैं सबके काम,
लालूराम कालूराम।

मंगूराम छंगूराम,
दोनों भाई करें आराम।
खाकर हो गए मोटे-मोटे,
और बुद्धि में रह गए छोटे,
कर नहीं पाते अपने काम।
मंगूराम छंगूराम।

सब्ज़ी

ताज़ी-ताज़ी सब्ज़ी आई।
भोलू ने दुकान सजाई।

गाजर, मूली और शलजम,
लाल चुकन्दर शक्कर कंद,
ये सब हैं पौधों के मूल
भोजन भर कर ये गए फूल।

आलू, अरबी और लहसुन
अदरक, प्याज़ और ज़िमीकंद
ये हैं तने पर देते स्वाद
इसीलिए ये हमें पसन्द।

पालक, मेंथी, गोभी पात,
धनियां, पुदीना, सरसों साग,
लौह विटामिन के भंडार,
भोजन में इन्हें रखना साथ।

भिंडी, सेम, मिरची, बैंगन,
लौकी, तोरई और हरी मटर,
ये फल खाओ, हो जाएंगे
गाल तुम्हारे लाल टमाटर।

भोलू ने आवाज़ लगाई
खाओ खाओ सब्ज़ी मेरे भाई।

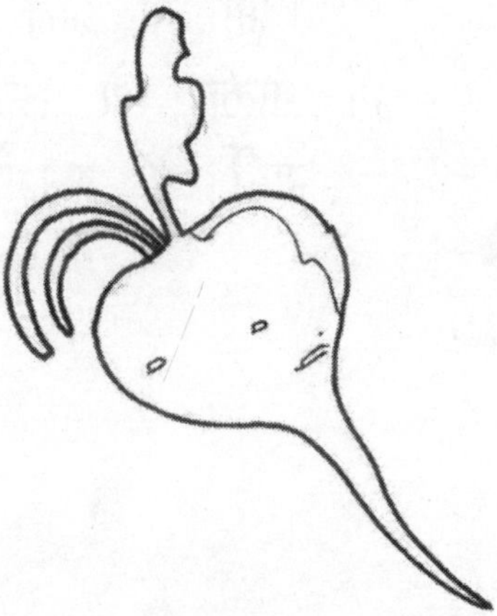

मेरा कोट

सर्दी में ये मेरा कोट,
मुझसे लिपट जब जाता है,
कितनी गर्मी देता है,
सर्दी से मुझे बचाता है।

कोट कहाँ से गर्मी देता?
माँ से मैंने पूछा।
माँ बोली, 'ये ऊन भेड़ का
सर्दी में गरमाता है।'

कोट कहाँ से गर्मी देता?
शिक्षक से ये पूछा,
'गर्मी तो है अपने बदन की
कोट तो इसे बचाता है।'

पार्क में अपने मूर्ति खड़ी है
बिल्कुल ठंडी-ठंडी।
अपना कोट उसे पहना दो
फिर भी रहेगी ठंडी।

प्रकृति चक्र

सूरज का उपकार है हम पर
देता है जो धूप और ताप।
धूप उर्जा को भरकर ही,
पेड़ बनाते भोजन आप।

पेड़ों का उपकार है हम पर,
बना रहे लाखों व्यंजन,
जन्तु जगत को देते शक्ति
बन जाते सबका भोजन।

सागर, नदियां और तालों में
हरे, लाल, नीले शैवाल,
जल जीवों के लिए सजाते
भर-भर कर भोजन के थाल।

लघु जीवों का भी उपकार
खाते हैं जो घास और पात,
शेर-बाघ चीते के मुख में,
बन जाते भोजन का ग्रास।

अपघटकों का भी उपकार
मृत जीवों को करके भंग,
प्रकृति चक्र को चला रहे हैं
करके तत्वों को स्वच्छन्द।

मेरी नाव

कागज़ की मेरी छोटी-सी नाव,
लहरों पर चढ़ चली किधर?
जिधर नदी की धार ले चली
चली उधर, ये चली उधर।

लकड़ी की मेरी बड़ी-सी नाव,
इस पर बांधा मैंने पाल।
अब मेरी नैया चली किधर?
जिधर हवा का वेग ले चला,
चली उधर, ये चली उधर।

लकड़ी की मेरी छोटी-सी नाव,
इसपर हुआ मैं स्वयं सवार।
मेरे हाथों में पतवार,
अब मेरी नैया चली किधर?
चली इधर, ये चली उधर,
जिधर घुमाया चली उधर।

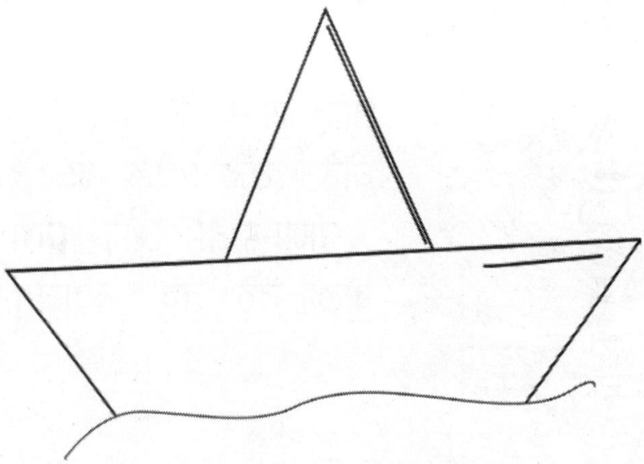

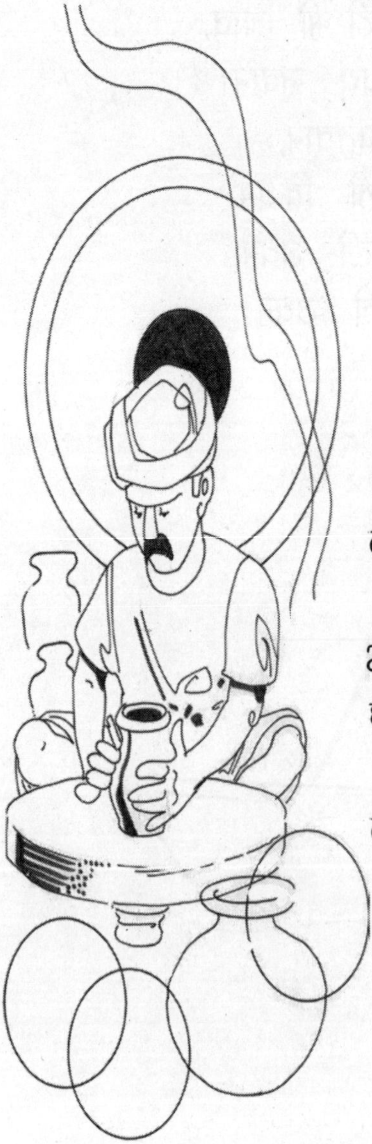

पहिया

गोल-गोल पहिया जब आया,
ज़ोर-ज़ोर से उसे घुमाया।
जीवन को रफ्तार मिली तब,
बोल उठे सब, स्वागत-स्वागत।

भांति-भांति के वाहन सज गए,
घोड़े, ऊँट, बैल में लग गए।
राजा-रानी और प्रजा सब,
बोल उठे तब, स्वागत-स्वागत।

ले पहिया कुम्हार जब बैठा,
चाक बनाया, उसे घुमाया।
तरह-तरह की आकृति देकर,
मिट्टी में तब रूप जगाया।
कलाकार ने जन्म लिया तब,
बोल उठे सब, स्वागत-स्वागत।

दूध, अन्न, पानी को भरकर,
घड़े, सुराही, मटके सज गए।
घर-घर में फिर आई लक्ष्मी
बोल उठे सब, स्वागत-स्वागत।

हवा

तुझे मैंने आँखों से देखा नहीं है
मगर तू ही बालों को लहरा रही है।
तुझे मैंने आँखों से देखा नहीं है
मगर तू ही गालों को सहला रही है।
हवा तू यहाँ है, हवा तू वहाँ है।

कभी थमके चलती, कभी भागती है
कभी धूप लाती, कभी मेघ लाती।
तू ही पेड़ों की पत्तियों को उड़ाती
तू ही पेड़ों की डालियों को झुलाती।
हवा तू यहाँ है, हवा तू वहाँ है।

तू नदिया और सागर के पानी में घुलती,
तू मिट्टी के कण-कण में भी जा के बसती।
सभी प्राणियों की तू साँसों में चलती,
सभी दीपकों की तू बाती में जलती।
हवा तू यहाँ है, हवा तू वहाँ है।

संगीत

शंख में फूंको प्राण,
बांसुरी अधर धरो।
दोनों में संगीत भरा है,
मुखर करो।

वीणा और सितार
तार झंकृत कर दो,
तारों की झंकार
हवा में तुम भर दो।

ढोलक, तबला और पखावज
इन पर हो आघात,
तभी तो ताल लगे।
गायन-वादन की महफिल में
रंग जगे।

वाद्य स्वरों से और कंठ से,
हवा तरंगित हो जाए।
श्रवण हमारे सुनें मुदित हो,
मन आनन्दित हो जाए।

रंग

माँ मैं भी एक कलाकार हूँ,
देखो मेरा चित्र सुरंग।
नीले पीले लाल रंग से,
मैंने बनाए सारे रंग।

हरे पहाड़ों के पीछे से
उगता सूरज नारंगी
नील गगन है, भूरे बादल
पक्षी उड़ते सतरंगी

गेहूँ का है खेत सुनहरा
सरसों का रंग बसंती
अरहर तो है पीली-पीली
बैंगनी नीली है असली

मटमैला तालाब है अपना,
जिसमें खिला है लाल कमल।
श्वेत रंग की बतख तैरती,
मछली में हैं सारे रंग।

वो देखो, अपना घर देखो,
लाल-लाल है जिसका द्वार।
पास में अपनी गाय है भूरी,
बछड़ा सोता पाँव पसार।

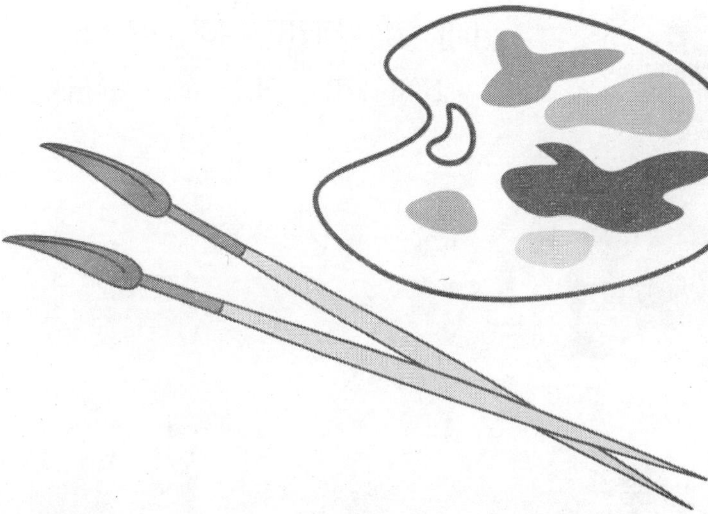

पृथ्वी

पृथ्वी कहती, मैं चलती हूँ,
हाँ चलती ही रहती हूँ।
अपनी धुरी पर घूमती रहती,
रात और दिन करती हूँ।

सूरज की मैं करूँ परिक्रमा,
एक वर्ष में एक ही बार।
तभी तो ऋतुएँ रंग बदलतीं,
तभी तो आते हैं त्योहार।

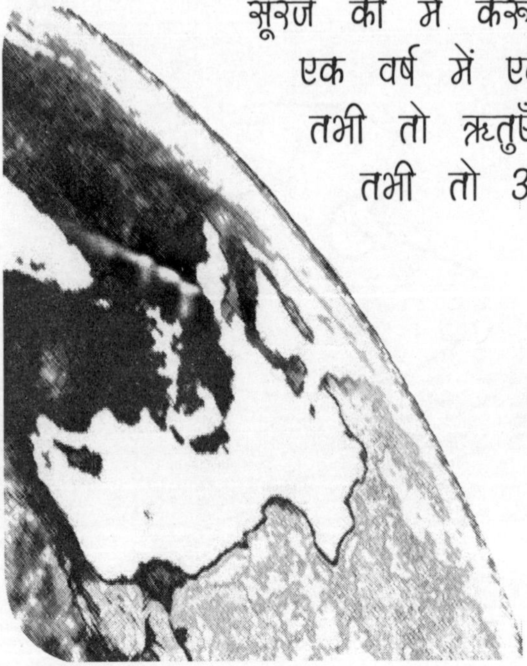

चंदा को मैं बाँध के रखती,
मेरे संग-संग चलता है,
कभी वो छोटा, कभी बड़ा वो,
कितने रूप बदलता है।

मैं चलती हूँ, तुम भी
मेरे संग-संग चलते रहते हो,
अपने घर में बैठे हो
ब्रह्मांड की यात्रा करते हो।

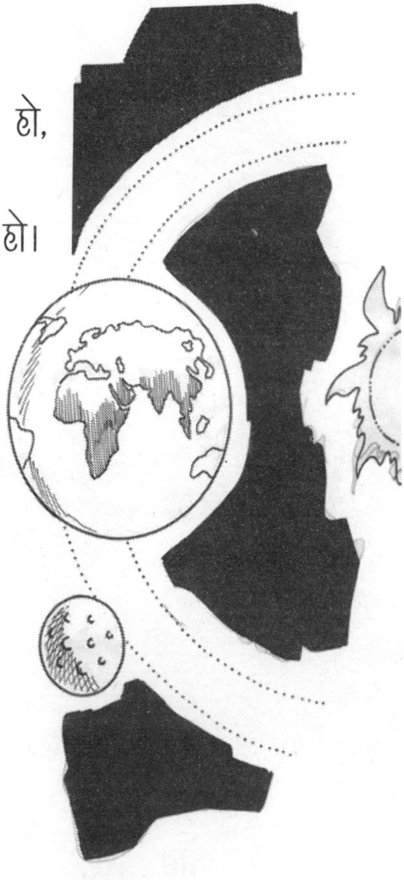

गुरुत्व बल

मेरे घर की बगिया में
था पेड़ सेब का लदा हुआ।
हरी घास थी बिछी हुई
मैं खेल-खेल कर थका हुआ।

पेड़ के नीचे मैं जा लेटा
हल्की सी झपकी आई,
मंद हवा का झोंका आया
डाल पेड़ की लहराई।

तभी टपक एक सेब गिरा
और उसने मुझको हिला दिया।
सेब भला क्यों नीचे आया
इस सवाल ने जगा दिया।

हुआ खड़ा मैं गेंद उछाली,
वापस वह नीचे आई।
निर्झर बन पर्वत से निकली
नदिया भी नीचे आई।

अपनी ओर खींचती सबको,
पृथ्वी में है कोई बल।
अंतरिक्ष में सब खो जाता
यदि न होता ये संबल।

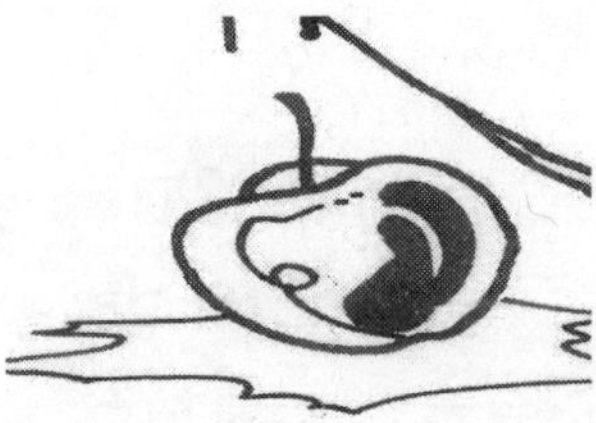

चन्द्र ग्रहण

चाँदी की थाली-सा चंदा
चमक रहा था अम्बर में,
स्वच्छ चाँदनी बिछी हुई थी
धरती पर, सब जल-थल में।

मैं चंदा को देख रही थी
सोच रही थी मन ही मन,
चंदा में तो ज्योति नहीं है
ये है सूरज का दर्पण।

तभी अचानक अजब हुआ,
चंदा का कट गया एक किनारा,
और कटा, वह और कटा,
और धरती पर छाया अंधियारा।

माँ, चंदा को ग्रहण लगा,
तुम देखो तो उसकी काया।
माँ बोली, कुछ और नहीं ये,
पृथ्वी की पड़ती छाया।

कुछ ही देर में चंदा फिर
छाया से बाहर आएगा,
गोल-गोल थाली-सा चंदा
फिर नभ में मुस्काएगा।

सूर्यग्रहण

रात चाँद निकला ही नहीं,
पर दिन में किया अजूबा,
ढाँक लिया उसने सूरज को
आकर पूरा-पूरा।

धूप हो गई मंद
अँधेरा फैला चारों छोर,
पशु-पक्षी सब भ्रमित हुए
और चले घरों की ओर।

दिन में तारे हमने देखे,
सूरज बन गया छल्ला,
उसमें हीरा चम-चम चमका
मचा चहूँ दिश हल्ला।

सूर्य ग्रहण है, सूर्य ग्रहण है,
प्रकृति खेलती खेला।
पृथ्वी सूरज मध्य चाँद है
बन गई सीधी रेखा।

छोटे से इस चाँद ने कैसे
ढाँक लिया सूरज को?
आँख के पास हो उँगली तो फिर
ढक सकती पर्वत को।

सपना

व्यास मुनि ने सपना देखा,
संजय को दी दिव्य दृष्टि।
महल में रह धृतराष्ट्र ने देखा
भारत का वह महायुद्ध।

व्यास मुनि के सपने को
बेयर्ड ने सच कर दिखा दिया।
घर बैठे ही हम सबको
दुनियाँ का दर्शन करा दिया।

लियो द विंसी का सपना
मनु पुत्र विचरता है नभ में।
राइट बंधुओं ने सचमुच
दे पंख हवा में उड़ा दिया।

घर-घर में हो नित दीवाली
और रात न रह जाए काली।
सपना तो ये हम सबका था,
एडीसन ने सच कर दिखा दिया।

हों रोग-शोक से मुक्त सभी
नए अंग मिलें, नई काया हो,
वैज्ञानिक करते हैं प्रयास
नवजीवन हो नई आशा हो।

तुम देखो सपने नये-नये
अब्दुल कलाम ये सिखलाएं।
तुम राह दिखाओ नई-नई
वैज्ञानिक मंज़िल तक लाएं।

राष्ट्रपति की सवारी

राष्ट्रपति की चली सवारी,
बड़ी मनोहर प्यारी-प्यारी।
सात-सात घोड़ों की गाड़ी,
सरपट-सरपट चलने वाली।

राह में आई काली बिल्ली
बिल्ली तो थी बड़ी चिबिल्ली।
राष्ट्रपति का रास्ता काटा,
इधर से काटा, उधर से काटा।

कोचवान ने गाड़ी रोकी
बुरा शगुन ये हुआ है भारी।
अब आगे यदि हम जाएंगे,
संकट में हम पड़ जाएंगे।

राष्ट्रपति जी हँसकर बोले,
तनिक बुद्धि से काम लो भाई।
सच और झूठ को हम पहचानें,
इसी में है हम सबकी भलाई।

बिल्ली से यदि डर जाएंगे,
हम क्या आगे बढ़ पाएंगे?